TORNA A CASA, ORSACCHIOTTO

PER LA VERA JESSICA

Antony Lishak

TORNA A CASA, ORSACCHIOTTO

illustrazioni di Ian Newsham

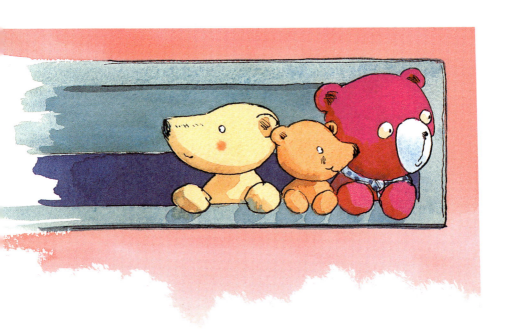

MONDADORI

Il nostro indirizzo Internet è:
ragazzi.mondadori.com

© 1996 Antony Lishak, per il testo
© 1996 Ian Newsham, per le illustrazioni
© 1996 Arnoldo Mondadori Editore S.p.A., Milano, per l'edizione italiana
Pubblicato per accordo con Heinemann and Mammoth, imprints of Reed
International Books Ltd, London
Titolo dell'opera originale *Baby Bear comes home*
Traduzione di Alessandra Orsi
Prima edizione maggio 1996
Terza ristampa luglio 2000
Stampato presso le Artes Graficas Toledo S.A., Toledo (Spagna), Gruppo Mondadori
ISBN 88-04-41655-6
D.L. TO: 1254-2000

DOPO IL SUO PRIMO GIORNO DI SCUOLA JESSICA È STANCA E VA A DORMIRE PRESTO.

APPENA VA A LETTO SI ADDORMENTA E SOGNA UN SACCO DI COSE DIVERTENTI CHE LE SONO SUCCESSE DURANTE IL GIORNO.

NON SI ACCORGE CHE I DUE ORSI STANNO PARLANDO.

JESSICA SI È DIMENTICATA A SCUOLA ORSACCHIOTTO. COSÍ MAMMA ORSA E PAPÀ ORSO DEVONO ANDARE A RIPRENDERLO.
I DUE ORSI ARRIVANO IN PUNTA DI PIEDI FINO ALLA SCALA E GUARDANO GIÚ.

UNO SCALINO DOPO L'ALTRO, ARRIVANO FINO IN FONDO. PAPÀ ORSO TRATTIENE IL RESPIRO E CHIUDE GLI OCCHI PER LA PAURA.

MAMMA ORSA ENTRA IN CUCINA.

CAMMINANO IN PUNTA DI PIEDI E IN SILENZIO. DEVONO PASSARE VICINO A MARIO, IL GATTO, CHE STA FACENDO UN SONNELLINO. A PAPÀ ORSO SEMBRA UN VERO MOSTRO.

GLI ORSI SONO MOLTO NERVOSI. MAMMA ORSA UNA VOLTA HA VISTO MARIO CATTURARE UN TOPO E TIRARLO IN ARIA COME UNA PALLA. MA NON LO RACCONTA CERTO A PAPÀ ORSO...

MARIO CONTINUA A DORMIRE PROFONDAMENTE.
GLI ORSI RIESCONO A NON FARSI SENTIRE E RAGGIUNGONO LA PORTICINA CHE IL GATTO USA PER USCIRE DI CASA.
LA SPINGONO FORTE E ARRIVANO FUORI.

CORRONO IN GIARDINO, FINO
AL CANCELLO E POI SUL MARCIAPIEDE.
LA STRADA È BAGNATA PERCHÉ HA
PIOVUTO. LA FACCIA GIALLA DELLA LUNA
SI SPECCHIA IN UNA POZZANGHERA
E SEMBRA GELATINA.

PAPÀ ORSO SI METTE A SALTELLARE
SUL MARCIAPIEDE PER RISCALDARSI.
MA PROPRIO IN QUEL MOMENTO SCIVOLA
E VA A FINIRE SULLA STRADA!

CERCA QUALCOSA A CUI AGGRAPPARSI,
MA UN RIVOLO D'ACQUA LO TRASCINA VIA.

MAMMA ORSA RACCOGLIE UN RAMO CADUTO DA UN ALBERO E GLIELO LANCIA, SPERANDO DI FERMARLO.

MA È TROPPO TARDI! PAPÀ ORSO NON RIESCE A PRENDERLO E ARRIVA VICINO AL TOMBINO..

PER FORTUNA UN MUCCHIO
DI FOGLIE SECCHE GLI IMPEDISCE DI CADERE
NEL TOMBINO, MA QUANDO FINALMENTE
SI TIRA SU È BAGNATO COME UNA SPUGNA.

NEL BUIO DELLA NOTTE LE COSE HANNO UNO STRANO ASPETTO. GLI ORSI HANNO PAURA DI AVER PERSO LA STRADA.

PROPRIO IN QUEL MOMENTO UN GUFO SI POSA SU UN ALBERO, SOPRA LA LORO TESTA.

«DI QUI VEDO LA SCUOLA» DICE. «SEGUITEMI.»

LO SEGUONO NEL PARCO, FINO AL LAGHETTO.
IL GUFO CI VOLA SOPRA E SCOMPARE
NEL BUIO.

MAMMA ORSA HA TROVATO UNA BOTTIGLIA VUOTA. LA METTE IN ACQUA E CI SALE SOPRA, FACENDO MOLTA ATTENZIONE. PAPÀ ORSO SI TIENE STRETTO A LEI E TUTTI E DUE REMANO CON LE ZAMPE.

LA BOTTIGLIA, PERÒ, È SENZA TAPPO E SI RIEMPIE D'ACQUA. GLI ORSI CERCANO DI REMARE PIÚ IN FRETTA MA L'ACQUA È PIÚ SVELTA DI LORO E RIEMPIE LA BOTTIGLIA, CHE ONDEGGIA COME UNA BARCA NELLA TEMPESTA…

... FINCHÉ AFFONDA DEL TUTTO.
PER FORTUNA RIESCONO A SALIRE
SU UNA GRANDE FOGLIA DI NINFEA.

MA DALL'ACQUA VIENE UN CRA-CRA CHE LI SPAVENTA: SONO DUE RANE CHE SCHIZZANO FUORI CON UNO SPLASH.

LE RANE FANNO SALIRE GLI ORSI SULLE LORO SCHIENE E POI FILANO NELL'ACQUA COME MOTOSCAFI.

ARRIVATI DALL'ALTRA PARTE GLI ORSI SALUTANO E RINGRAZIANO.

GLI ORSI SI PRECIPITANO VERSO IL PORTONE:
È CHIUSO MA RIESCONO A ENTRARE DA UNA
FESSURA DOVE SI INFILANO LE LETTERE.

ORSACCHIOTTO SENTE IL RUMORE E SI PRECIPITA IN CORRIDOIO AD ABBRACCIARE I SUOI GENITORI.

PRIMA DI ANDARE VIA, ORSACCHIOTTO LI PORTA A CONOSCERE I SUOI NUOVI AMICI.

POI I TRE ORSI SI TENGONO PER LA ZAMPA
E CORRONO VERSO IL PORTONE.

SI INFILANO NELLA BUCA DELLE LETTERE
ED ESCONO FUORI NEL BUIO DELLA
NOTTE. MA AD ATTENDERLI C'È UN'ALTRA
SORPRESA!

MARIO LI HA SEGUITI PER TUTTA LA STRADA ED È ARRIVATO FIN LÀ.

CON UN GRAN BATTITO D'ALI, IL GUFO ARRIVA PROPRIO IN TEMPO PER PORTARLI VIA.

MARIO SI LANCIA VERSO IL GUFO, TIRANDO FUORI GLI ARTIGLI. TROPPO TARDI! IL GUFO FA SALIRE GLI AMICI SULLA SUA CODA E LI PORTA IN SALVO.

MENTRE VOLANO SULLA CITTÀ, GLI ORSI GUARDANO GIÚ PER CERCARE LA CASA DI JESSICA.

ARRIVATI A CASA SI PRECIPITANO TUTTI E TRE
NEL LETTO DI JESSICA. MAMMA E PAPÀ
SI ADDORMENTANO SUBITO, ORSACCHIOTTO
INVECE È ANCORA SVEGLIO E PENSA
CHE DOMANI GIOCHERÀ DI NUOVO
A NASCONDINO...